AF237407

Das Leben ist ein Auf und Ab. Es schwappt in Wellen. Menschen kommen und gehen und so entstehen Veränderungen. Es bleibt nie alles gleich. Wir schwimmen in stetiger Bewegung und sind immer auf der Suche. Doch wonach eigentlich?

Die eigene Selbstfindung ist und bleibt ein nie enden wollender Prozess. So schwer es manchmal auch sein mag, am Ende finden wir über Umwege den Weg. Es verläuft eben nichts geradlinig. Aber wenn es das tun würde, wäre es dann nicht auch ziemlich langweilig?

Einer Sache können wir uns zumindest sicher sein: Nach jedem Tief kommt auch wieder ein Hoch. Nach jeder gebrochenen Welle rollt auch wieder eine neue an.

In Wellen
Chiara Brill

Illustrationen von
Lisa Budzynski, Anne Fahrig und Lilly Werk

Bibliografische Information der Deutschen
Nationalbibliothek: Die Deutsche Nationalbibliothek
verzeichnet diese Publikation in der Deutschen
Nationalbibliografie, detaillierte bibliografische Daten sind
im Internet über http://dnb.dnb.de abrufbar.

© 2020 Chiara Brill
Herstellung und Verlag:
BoD – Books on Demand, Norderstedt

ISBN: 9783751994118

Vorwort

Alle Gedichte in diesem Buch habe ich innerhalb von vier Jahren verfasst (2016 – 2019). Sie sind entstanden während ich fünfzehn bis siebzehn Jahre alt war und erzählen eine Geschichte des Heranwachsens und einem damit verbundenen Selbstfindungsprozess.

Das Buch ist in drei Teile gegliedert, welche jeweils drei unterschiedliche Lebensabschnitte thematisieren.

Ich möchte euch mit meinen Gedichten vor allem Gefühle und Gedanken vermitteln und dazu nutze ich teilweise extreme Formen des Ausdrucks.

Inhalt

Teil 1

Ich denke   10

Fragen fragen   11

Da ist niemand, den ich fragen kann   12

Entwertung   13

Ich will nicht   16

In der Nacht   18

Ich fühle mich so oft…   20

Niemandsfreundin   21

Ein Blick in den Spiegel   23

Ich betäube mich   25

Homo sapiens   27

Für alle, die zögern zu helfen   29

Teil 2

Wer bist du?   32

Du hast mir nie eine Chance gegeben   34

Kommunikationsprobleme   35

Hamsterrad   39

Gerne allein   41

Langeweile oder Party   42

Tanzend übers Laminat   45

Was auch immer ich sage, es sagt niemals genug   46

In deinen Augen   47

Du brauchst Freiraum   48

Du kamst und gingst in Wellen   49

fallingforyou   50

Der Raum zwischen uns   52

Zu nah   55

Ich hab` nichts   56

Eingesunken   57

Teil 3

Dort ist ein Schlüssel vor meiner Tür   60

Wenn ich ehrlich bin   62

Zurück zu dir   64

Ich vermisse dich   66

Nicht nur ich bin du   68

Willkommen Zuhause / Ich hab` mich   69

S-Bahnhof   71

Mehr als „Alles gut."   73

Alles ist nichts   75

Ein Teil von mir   78

Grenzschutz   79

Zwei Könige   81

Ein Spiel   83

Die Tür ist offen   85

Teil 1

Gefangen in der Dunkelheit und keine Hoffnung auf Besserung. Auf der Suche nach Frieden, doch im Krieg mit sich selbst.

Ich denke

Eine Herangehensweise wie ich meine Texte schreibe?
Ich denke.
Denke, denke, denke, denke…
Bis ich nicht mehr atmen kann.
Dann fang ich mit dem Schreiben an.
Ich schreibe alles auf.
Das Bunte, das Schwere,
das Träge, das Leere.
Ich denke.
Mehr, als ich jemals werde schreiben können.
Mehr, als ich jemals werde sagen können.
Gedanken.
Kein Atem mehr.
Luft.
Warum fällt das Sagen so schwer?
Worte still auf einem Blatt Papier.
Stehen gestochen scharf geschrieben da.
Ein Wort, das mal Gedanke war.
Ich schreibe alles auf
Das Große, das Schwere,
Das Feine, das Leere,
Ich denke.

Fragen fragen

Und wenn ich mich frage,
warum ich so viele Fragen habe.
Fragen frage.
Mich plagen die Fragen.
Plagen. Fragen.
Die Zeit rennt.
Fragen, auf die niemand eine Antwort kennt.
Und ich frage mich Fragen.
Mich plagen die Fragen.
Eine Frage ohne Antwort.
Antwort ohne Frage.
Wenn ich mich wieder Fragen frage.
Fragezeichen.
Ich stelle mir Fragen.
Was? Wie? Wo? Warum? Weshalb? Wieso?
Plagen mich Fragen.
Mit Fragezeichen.
Um auf die Frage hinzuweisen.
Stelle mir Fragen, um Fragen zu fragen.
Um die Antwort vornehm serviert
auf den Händen zu tragen.
Frage ohne Antwort.
Antwort ohne Frage.
Und ich frage mich Fragen.
Mich plagen die Fragen.
So wie wir uns alle Fragen fragen.
Doch wir fragen nur.
Wo bleibt die Antwort. Fragezeichen.
Eine Frage kann man nicht als Antwort bezeichnen.
Punkt. Komma. Strich.
Halt. Stopp. Warte.
Keine weiteren Fragen mehr an mich.

Da ist niemand, den ich fragen kann

Seit du gegangen bist,
ist da niemand mehr, den ich fragen könnte,
ob das hier falsch oder richtig ist.
Ist da niemand mehr, den ich fragen könnte,
was es noch zu verbessern gibt.

Ich weiß, ich habe dich nie wirklich gekannt,
wusste nicht, was für ein Mensch du bist
und was für ein Mann.
Doch trotzdem habe ich das Gefühl,
du wärst der Einzige,
mit dem ich jetzt darüber sprechen kann.

Entwertung

Schleichend, langsam
mit Bedacht.
Auf leisen Sohlen
bewegt er sich fort.

Tappt die Treppe hinauf,
kommt meiner Tür
stetig näher
und ist bald dort.

Das Licht
seiner Lampe,
ist es, was ich sehe.
Ich spüre
seinen Körper
in meiner Nähe.

Ich höre,
das Knarzen der Dielen
unter seinem Schritt.
Ich weiß,
wenn er hier ist,
nimmt er mich mit.

Ich liege,
meiner Macht entrissen,
unter der Decke.
Obwohl ich weiß,
es hat keinen Sinn,
wenn ich mich verstecke.

Ich kann nur warten,
mich nicht bewegen
und hoffen,
es wird schnell vorbei gehen.

Ich will ihn nicht ansehen.
Will es nicht wahrhaben,
nicht darüber reden.
Das hier ist nicht mein Leben.

Ich kann mich nicht wehren,
nichts dagegen tun.
Ich beginne zu ersticken,
doch ich sehe nur zu.

Er lässt mich nicht los,
hält mich gefangen.
Ich hatte geglaubt,
am nächsten Morgen
ist er bereits gegangen.

Doch die Abdrücke
seiner Hände
haften nun als Stücke
meiner Selbst
auf der eigenen Haut.

Er hat sich
genommen, was er braucht.
Er hat mir
mein Licht geklaut.

Ich konnte nicht kontrollieren,
was mit mir geschieht.
Ich wollte nicht akzeptieren,
was ein jeder sofort sieht.

Ich bin ein Gegenstand,
ich werde benutzt.
Nur ich selbst
habe es zu spät erkannt.

Jetzt liege ich hier
und glaube,
man hat nicht verdient,
was man verliert.
Ich denke,
ich trage die Schuld
an dem, was mir passiert.

Alles zieht an mir vorbei,
ich ertrage mein Leid.
Das ist es, was mir zusteht.
Ich will nicht,
dass man mich davon befreit.

Ich will nicht

Ich will jetzt nicht aufstehen.
Ich will nicht zur Schule gehen.
Ich will mich nicht bewegen.
Ich will mit niemandem reden.
Ich will mich nicht beschweren,
mich für nichts von dem erklären.
Ich will jetzt nicht unter die Dusche springen.
Ich will nicht unter der Dusche singen.
Ich will jetzt nichts zum Frühstück essen.
Ich will nicht wieder alles vergessen,
was du gerade zu mir gesagt hast.
Ich wollte nicht, doch habe eben den Bus verpasst.

Ich will deine Witze nicht hören
und wie du darüber lachst.
Ich will nicht wissen,
was du dieses Wochenende machst.
Ich will nicht, dass du fragst,
ob ich auch mit dabei bin.
Ich will nicht mitkommen, weil ich finde,
das Ganze ergibt keinen Sinn.
Ich will nicht, dass du fragst, wie es mir geht.
Ich will nicht antworten, weil ich nicht glaube,
dass das jemand außer mir versteht.
Ich will nicht deinen besorgten Blick wahrnehmen.
Und ich will auch nicht auf deine
wiederholten Fragen eingehen.
Ich will hier nicht weiter auf dem Schulhof stehen.
Ich will nicht unter Menschen bleiben.
Ich will nicht länger erreichbar sein.

Ich will nicht nach Hause kommen
und mit meiner Mutter streiten.
Ich will sie heute nicht beim Einkaufen begleiten.
Ich will nicht in meinem Zimmer sitzen und Musik hören.
Ich will nicht, dass andere mich dabei stören.
Ich will mich nicht von den Hausaufgaben stressen lassen.
Ich will nicht, weil ich weiß,
ich werde sie sowieso nicht machen.
Ich will nicht mit meiner Großmutter telefonieren.
Ich will nicht, doch mach es trotzdem,
denn ich habe immer noch Manieren.

Ich will nach dem Abendessen
nicht direkt unter die Bettdecke.
Ich will noch nicht schlafen,
selbst wenn ich mich gern unter ihr versteckt hätte.
Ich will dieses Buch vorm Einschlafen nicht lesen.
Ich will nicht gewillt sein,
ich wünschte, ich wäre es nie gewesen.

Ich will dafür nicht verurteilt werden:
Ich will einfach nur sterben.

In der Nacht

Es ist 3 Uhr in der Nacht,
ich liege wach in meinem Bett.
Die Stille um mich,
war noch nie so laut wie jetzt.
Tränen laufen stumm
über mein Gesicht.
Mir ist alles egal,
ich spüre sie nicht.
Ich kann meine Gedanken
nicht kontrollieren,
ich wollte die Hoffnung
nie verlieren.
Ich bin nicht traurig.
Ich bin leer.
Es fällt mir schwer
morgens aufzustehen,
schlafen kann ich überhaupt nicht.
Es ist zu anstrengend rauszugehen.
Wenn ich könnte, würde ich
für immer hier so liegen.
Ich sehe einfach nicht den Sinn.
Am liebsten wäre es mir,
nicht zu existieren.
Ich glaube, ich gehöre hier nicht hin.

Ich weiß, dass ich für jeden
eine Enttäuschung bin.
Ich kann mich nicht bewegen.
Ich denke, alles wäre besser,
würde ich einfach verschwinden.
Es wäre so viel leichter,
könnte niemand mich mehr finden.
Tränen laufen stumm
über mein Gesicht.
Mir ist alles egal,
ich spüre sie nicht.
Nächte sind ehrlich.
Nachts liege ich starr
unter meiner Decke
und es wird das klar,
was ich sonst so gern verstecke.

Ich fühle mich so oft…

Ich fühle mich so oft
überflüssig,
unnötig,
unbrauchbar,
nutzlos,
sinnlos,
überschüssig,
unnütz,
wirkungslos,
zwecklos,
unerwünscht,
störend,
deplatziert,
lästig,
entbehrlich,
umsonst auf dieser Welt.

Niemandsfreundin

Ich. Kerzen. Lavendelduft.
Seifenblasen. Kondensierende Luft.
Weiche Klänge. Leise Melodien.
Warmes Licht. Weißer Schaum.
Ein Glas. Sprudelnder Sekt.

Ein Blick auf mein Smartphone.
Eine Plattform. Ein Klick. Ich sehe ein Foto
und habe mit einem Mal
eine viel schönere Welt entdeckt.

Ich kann es nicht leugnen,
ich bin und bleibe Niemandsfreundin.

Ein paar Freunde. Auf der Couch.
Kissenschlacht. Pizza im Ofen. Hitze.
Schiefe Töne. Karaoke. Laut.
Filmmarathon. Taschentücher. Witze.
In der Hand. Eine Flasche Wein.

Ein Blick auf mein Smartphone.
Eine Plattform. Ein Klick. Ich sehe ein Foto
und frage mich:
„Warum kann meine Welt nicht so schön sein?"

Ich kann es nicht leugnen,
ich bin und bleibe Niemandsfreundin.

Viele Menschen. Gedränge.
Bewegung. Tanzen. Berührung. Enge.
Wummernde Bässe. Schneller Beat.
Scheinwerfer. Flackern. Flimmern.
Barhocker am Tresen. Dasselbe Lied:

Ein Blick auf mein Smartphone.
Eine Plattform. Ein Klick. Ich sehe ein Foto
und weiß gar nicht, wie mir geschieht.

Ich kann es nicht leugnen,
ich bin und bleibe Niemandsfreundin.

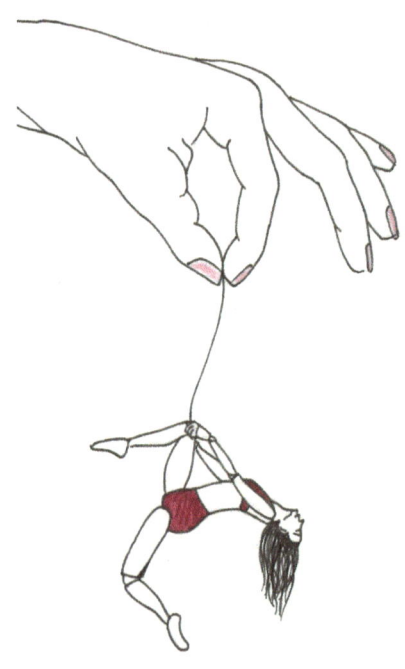

Ein Blick in den Spiegel

Dort steht ein Mädchen vorm Spiegel
mit hässlicher Mimik und leerem Blick.
Sie versucht seit Stunden vergeblich,
nicht gerade geschickt, ihre Lippen
in Kirschblütenrot zu bemalen.
Ihre Lider sind mit schwarzer Farbe geschmückt.
Die Ringe unter ihren müden Augen pinselt sie,
man könnte sonst glauben, heute sei sie
zu nichts zu gebrauchen, in Eile unsichtbar.
Ihre Haut, einst so rein und bleich,
als könne man durch sie hindurchsehen,
wird mit ein jeder anderen gleich
gemacht durch giftige Substanzen.
Der krönende Abschluss fällt in Wellen
ihres glänzenden Haares, perfektioniert
ihr äußeres Bild und versteckt damit ihr Wahres.

Doch all diese Bemühungen scheinen
aussichtslos, abkömmlich zu sein,
denn sobald das Ende ihrer Arbeit beginnt,
sieht man den ersten Tropfen. Er rinnt
ihre Wange hinab, über ihren Hals und sie,
sie fängt erneut an zu weinen.
Weil sie anfängt zu begreifen,
was sie vorher schon ahnte zu wissen.
Die Angst, nicht gemocht zu werden
so wie sie ist, ohne Maske, ohne Farbe im Gesicht,
hat sie innerlich zerrissen. Jetzt liegt dort Leere,
von einer Hülle überdeckt, die versteckt,
dass ihr genommen wurde, wer sie war.
Als sie daraufhin ein letztes Mal in den Spiegel blickt,
wird ihr schlussendlich klar:
Egal was sie tut, sie ist nie genug.
Was sie auch versucht, sie wird nicht perfekt.
Denn makellose Schönheit trifft sie erst
bei ihrem letzten Atemzug.

Ich betäube mich

Ich spüle meine Freude
im Strudel giftiger Gedanken
die Kloschüssel herunter,
dazu kommt mein Mittagessen.

Ich ziehe den Korken
einer Flasche, deren Inhalt
mein Blut ist. Ich will alles
um mich herum vergessen.

Ich folge den himmelblauen
Flüssen unter meiner Haut
und bin auf der Suche nach
der passenden Einstichstelle.

Ich zähle dreiundvierzig
auf der Waage und der Zunge.
In Teilchen kommt, geht
und rollt die nächste Welle.

Ich zücke meine Klinge
und fahre durch mein Fleisch
die Flüsse entlang. Ihr Blau
färbt sich in Abendrot.

Ihr Wasser übertritt die Ufer
und sammelt sich in meiner
Hand. Ich bin zwar lebendig,
doch fühle mich tot.

Ein rotes Meer breitet sich
unter meinen Füßen aus.
Meine Flasche ist leer,
und ich suche nach Halt.

Im Nebel verschwimmt
jeder einzelne Sinn
und schon bald bin ich
befreit von der Dunkelheit.

Homo sapiens

Ein Meer aus Menschen
schwappt mit Wucht an den Tresen.
Jeder lebt so, als wäre er ein
außer der Welt hockendes Wesen.

Es bedarf
einer Verneinung, um zu erkennen,
dass man nichts sicher wissen kann.
Es hilft nicht davor wegzurennen:
Aus dem Nichts hat alles angefangen.

Es bestimmt
nicht deine Zeit, die du lebst.
Es ist zwar nichts vorbei,
solange du dich bewegst,
doch es fängt auch nichts an.
Ich kann nur glücklich sein,
wenn ich traurig sein kann.

Es ergibt
letztendlich keinen Sinn.
Alles ist so, wie es sein soll:
Es führt zu nichts hin.
Das Glas wird nie randvoll,
doch bleibt auch nicht lang leer.
Zum Schluss bringt Meerwein
dich im Seelennebel her.

Alles was wir tun,
tun wir nur für uns selbst.
Es ist als ob du fliegst,
wenn du endgültig fällst.

Denn Handlungen aus Eigennutz
bedeuten dadurch nicht
gleich deinen eigenen Schutz.

Dass Selbstmord egoistisch ist,
ist sicher nicht verwunderlich,
denn zur Selbsterhaltung sind
wir auch selbstzerstörerisch.

Am Ende sind wir immer
noch ein Lebewesen
und was wäre sein Leben
schon ohne den Drang
zu überleben gewesen.

Für alle, die zögern zu helfen

Du siehst sie dort in den düsteren Gassen,
wie würdest du dich fühlen, so verlassen?
Du gehst nicht zu ihnen hin,
denn du weißt, dass ich es nicht bin.

Sie sind einsam, allein, ohne Leben,
würdest du ihnen deine Hand geben?
Du hältst sie ihnen nicht hin,
denn du weißt, dass ich es nicht bin.

Sie sind dort ohne Zukunftslicht,
aber stimmt ja, es betrifft dich nicht.
Du musst nicht zu ihnen hin,
denn du weißt, dass ich es nicht bin.

Doch was ist, wenn wir dort sind?
Vergisst man uns im kalten Wind?
Weil wir ihnen nicht geholfen haben,
als sie im tiefen Dunkel lagen?

Du siehst, ich bin dort nicht,
du gibst mir das Hoffnungslicht
und ich trage es zu ihnen hin,
weil ich es nicht bin.

Teil 2

Hinein in diese Welt. Die ersten Begegnungen mit der Liebe, Freunden und Partys. Dazu gehört auch das Scheitern. Ein ständiges Auf und Ab, denn das Leben schwappt in Wellen.

Wer bist du?

Und ich frage mich immer, wer du bist.
Wer du bist, wenn du sprichst.
Und wofür du sprichst.
Denn du sprichst nicht gerade viel.
Aus deinem Mund kommt nicht mal ein „Auf Wiedersehen"
Noch nicht mal ein „Sorry, aber ich werde jetzt gehen."
Wenn du mir gegenüberstehst, all meine Blicke siehst.
Aber mich nicht mit deinem Blick triffst.
So als wäre ich unsichtbar.
Unscheinbar, so wie du es bist.
Und ich frage mich, wovor hast du solche Angst.
Angst dich zu zeigen, zu sagen „Das bin ich."
Denn da ist nicht viel über das du sprichst.
Oftmals rede ich mir dann ein
„So bist du einfach", „Das bist du".
Aber deine verlorene Erscheinung lässt mich nicht in Ruh.

Denn ich will wissen, wer du bist.
Wofür du sprichst, wenn du es tust.
Was du denkst, wenn du mich siehst.
Doch vor allem, wonach du suchst.

Da ist dann dieser Blick, mit dem du mich anschaust.
Als würdest du nach etwas suchen,
doch du weißt selbst nicht wonach.
Und ja, ich weiß, dass es Zeit ist, die du brauchst.
Doch wir wissen alle, dass ich nie sonderlich geduldig war.
Und du irritierst mich.
Mehr als jeder andere Mensch zuvor.
Denn alles was ich lernte,
über Jahre hinweg,
scheint bei dir nicht mehr dasselbe.
Immer, wenn ich dachte, ich würde dich verstehen,
hatte ich das Entscheidende übersehen.
Deine ignorante Art, das verunsichernde Verhalten.
Anders, als alles an dem ich eigentlich halte.
Und ja, vielleicht ist es die Sehnsucht.
Die Zweifel, die Neugier noch dazu.

Denn immer noch will ich wissen, wer du bist.
Wofür du sprichst, wenn du es tust.
Was du denkst, wenn du mich siehst.
Doch vor allem, wonach du suchst.

Du hast mir nie eine Chance gegeben

Ich habe so viel von mir preisgegeben,
war bereit, mich dir zu zeigen.
Doch du sagtest mir, aus uns kann nichts werden.
Und ich hatte nie die Möglichkeit,
für mich zu entscheiden,
ob das mit uns klappen könnte
und hier bei dir zu bleiben.

Denn du hast mir nie eine Chance gegeben.
Ich konnte dich und dein Verhalten nie verstehen.
Ich hatte keine Ahnung.
Ich wusste nicht, wie du tickst.
Ja, vermutlich passt das mit uns nicht.
Doch ich hatte nie die Möglichkeit, das zu sehen.

Du hast erkannt, dass das mit uns nicht passt.
Das ist der Grund, warum du das Ganze beendet hast.
Doch ich konnte es noch nicht benennen,
ich war noch nicht so weit.
Du hast dich mir schließlich nie gezeigt
und bis heute habe ich das Gefühl,
dich nicht zu kennen.

Und warum bin ich mehr traurig deswegen,
als alles andere?
Manche Menschen passen einfach nicht zueinander.
Das ist okay.
Ich hätte es nur gern selbst gesehen
und versucht zu verstehen.
Aber du hast mir nie eine Chance gegeben,
dich kennenzulernen.

Kommunikationsprobleme

Weißt du, wenn wir ein Paar wären,
hätten wir echte Kommunikationsprobleme.
Also, wahrscheinlich würde es dir gar nicht auffallen, da du
ja nie sprichst.
Jedenfalls nicht mit mir.
Und weißt du, ich mag das echt.
Du erdrückst einen nicht mit Worten.
Du schweigst sehr schön. Also, das denke ich jedenfalls
immer. Sagen würde ich sowas nie.
Aber es ist unglaublich nervig, wie wenig du sagst.
Du sagst nie etwas.
Nie etwas, was wirklich wichtig wäre.
Und ja, vielleicht ergibt das keinen Sinn.
Also, dass ich es mag und gleichzeitig nicht mag,
dass du nichts sagst.
Aber verdammt,
ich bin nicht dazu da, Sinn zu ergeben!
Menschen ergeben zum Fick nochmal nie Sinn.
Hier ergibt in keiner Weise irgendetwas Sinn.
Du am wenigsten, weißt du.
Also, es gibt zwei Optionen:
Erstens, du denkst sehr viel.
Aber denkst eben nur. Und sprichst nicht.
Oder zweitens, du denkst nicht.
Du sprichst nicht. Du schweigst nur.
Gehen wir jetzt mal von Erstens aus. (Ich hoffe sehr, dass du
überhaupt nachdenkst.)
Ich weiß ja, Menschen sind sehr beängstigend.
Also mir machen sie Angst.
Nein, vor dir habe ich keine Angst. Ich meine nur so im
Allgemeinen.
Aber wie kannst du verdammt nochmal nicht das Bedürfnis
haben, zu sagen, was du willst.
Ja klar, ich habe es dir auch nie gesagt.
Sagen würde ich sowas nie.

Aber ich habe es gedacht.
Ich habe nicht gehört, dass du es jemals gedacht hast.
Weißt du überhaupt, was du willst?
Denkst du denn nach oder schweigst du nur?
Nein, nein, bloß nicht antworten.
Mir gefällt dein Schweigen ja.
Also klar, ein paar Worte wären auch mal ganz schön, aber wir beide wissen ja, wie Gedankenübertragung funktioniert, Baby.
Nur ich verstehe deine Gedanken so schlecht.
Denk das nochmal.
Ah ja, hm klar. Hätte ich mir denken können.
Ach und weißt du, zum Glück sind wir ja kein Paar.
Also vielleicht wären wir es, wenn du mal etwas dazu sagen würdest. So ganz im Allgemeinen.
Nur damit ich weiß, was du willst.
Was ich eigentlich will?
Ach komm, da habe ich doch schon drüber nachgedacht.
Ich denke, dass mit uns hätte eine Zukunft, weißt du.
Sagen würde ich sowas nie.
Aber wenn wir ein Paar wären,
wären wir ein Paar mit Kommunikationsproblemen.
Weil du ja nie sprichst!
Und sag bloß nicht, ich wäre schuld.
Ich denke genug für uns beide zusammen.
Stimmt ja, sowas würdest du nie sagen.
Fällt dir überhaupt nicht auf, wieviel du eigentlich schweigst?
Du lässt einem viel zu viel Zeit, darüber nachzudenken, was man sagen könnte.
Deswegen sage ich lieber gar nichts.
Du solltest damit aufhören.
So wird die Gedankenübertragung nie funktionieren.
Ein bisschen weniger Stille bitte, ich muss mich darauf konzentrieren, was du denkst.

Und jetzt denk bloß nicht,
ich könnte ja auch mal was sagen.
Also echt.
Weißt du eigentlich, wie oft ich das schon versucht habe?
Aber Lärm unterbricht die Stille.
Und ich möchte wirklich nicht unhöflich sein und dich
unterbrechen.
Ich sage doch, dein Schweigen ist schön. Also, sagen würde
ich sowas nie.
Ich denke es, hörst du.
Ja, wir hätten eindeutig Kommunikationsprobleme.
Also, wenn wir ein Paar wären.
Aber das sind wir ja nicht. Oder?
Die Dauerschleife meiner Gedanken schon wieder.
Verdammt.
Du hast doch nicht etwa gerade deinen rechten Zeh bewegt?
Oh mein Gott, eine Bewegung sagt mehr als tausend Worte.
Was heißt das jetzt genau?
*„Ich bin das schönste Mädchen der Welt. Du bist unsterblich
in mich verliebt und willst den Rest deines Lebens sprechend
mit mir zusammen verbringen."*
Ja, ich will.
Oh mein Gott, oh mein Gott, oh mein Gott.
Okay, tief durchatmen.
Ganz ruhig.
Alles eine Sache der Interpretation, weißt du.
Vielleicht hat der Zeh ja auch gerade gesagt:
*„Hey, Baby, kannst du mir den Kartoffelsalat unter der
Frischhaltefolie aus der Küche holen."*
Oder nur ganz einfach:
„Mir ist kalt."

Ich sollte vielleicht nicht mit einer rechten Zehbewegung antworten, wenn ich nicht weiß, was das jetzt genau heißt. Also, versuchen wir es wieder mit Gedankenübertragung, okay?
Also, ich denke, dass…
Hallo?

JETZT DENK DOCH AUCH MAL WAS DAZU, DU WICHSER!
„Oh, habe ich das eben laut gesagt?
Ehm, sorry."

Hamsterrad

Alles dreht sich.
Alles beginnt immer wieder von vorn.
Was wohl der Grund dafür sein mag?
Ich renne und renne,
doch komme nicht voran.
Wie in einem Hamsterrad.
Aus Situationen entstehen Probleme.
Für Probleme werden Lösungen gesucht.
Alles dreht sich.
Alles beginnt immer wieder von vorn.
Scheint nicht zu enden, doch hat nie wirklich angefangen.
Ich renne und renne,
doch komme nicht voran.
Das Ganze geht jetzt schon tagelang.
Wie in einem Hamsterrad.
Situationen entstehen erneut, wieder ein Problem.
Komme nicht voran.
Bleibe stehen.
Drehe mich im Kreis.
Laufe rückwärts, stoppe kurz und biege mehrmals ab.
Doch es fühlt sich an, als würde ich auf der Stelle gehen.
Wie in einem Hamsterrad.
Gefangen im Kreislauf, der Routine?
Wie komme ich auf meine Bahn, die richtige Schiene?
Alles dreht sich.
Alles beginnt immer und immer wieder von vorn.
Wie in einem Hamsterrad.
Probleme werden gelöst.
Doch jede Lösung führt nur zu einem weiteren Problem.
Es fühlt sich an, als würde ich auf der Stelle gehen.
Und alles nimmt erneut seinen Lauf…

Alles dreht sich.
Alles beginnt immer wieder von vorn.
Was wohl der Grund dafür sein mag?
Ich renne und renne,
doch komme nicht voran.
Wie in einem Hamsterrad.
Aus Situationen entstehen Probleme.
Für Probleme werden Lösungen gesucht.
Alles dreht sich.
Alles beginnt immer wieder von vorn.
Scheint nicht zu enden, doch hat nie wirklich angefangen.
Ich renne und renne,
doch komme nicht voran.
Das Ganze geht jetzt schon tagelang.
Wie in einem Hamsterrad.
Situationen entstehen erneut, wieder ein Problem.
Komme nicht voran.
Bleibe stehen.
Drehe mich im Kreis.
Laufe rückwärts, stoppe kurz und biege mehrmals ab.
Doch es fühlt sich an, als würde ich auf der Stelle gehen.
Wie in einem Hamsterrad.
Gefangen im Kreislauf, der Routine?
Wie komme ich auf meine Bahn, die richtige Schiene?
Alles dreht sich.
Alles beginnt immer und immer wieder von vorn.
Wie in einem Hamsterrad.
Probleme werden gelöst.
Doch jede Lösung führt nur zu einem weiteren Problem.
Es fühlt sich an, als würde ich auf der Stelle gehen.

Ich hole tief Luft.
Werde langsamer, bleibe stehen.
Dann hört das Hamsterrad auf sich zu drehen.

Gerne allein

Alle kursiv geschriebenen Teile sind Namen von Liedern,
die der Künstler Fayzen geschrieben hat.

Als ich ihn greifen wollte,
kriegte ich ihn nicht zu fassen.
Denn, als ich ihm die Frage stellte: „*Bist du wie ich*?",
wusste ich schon von vornerein, nein, ist er nicht.
Und jetzt bin ich erwacht, habe den *Mondverlassen*.

Er ist nichts. Er bedeutet nichts.
Nicht mal so viel, wie ein *Sandkorn* am Strand
oder eine Welle, die an den Felsen bricht.
Ich trinke *Eine Flasche Wein* und *Ich betäub mich*.

Denn hier, *Zu Hause*, find ich keine *Ruhe*.
Mein Herz ist traurig
Und der Wasserhahn tropft schon ewig.
Beinahe *Zu schnell* beginnt meine Suche,
weil sich nichts ändert und
einfach *Unschuldig* wird er eh nicht.

Und dann bau ich mir *Eine neue Stadt*,
lerne sie zu lieben,
blühe *Rosarot* auf, bin so viel besser ohne ihn.
Mir wachsen *Blumen im Kopf*,
eine Schwalbe in der Brust
und *1000 Teile* von mir wollen in den *Süden* fliegen.

Da bin ich schon lieber *Gerne allein*.
In einer anderen Welt,
meinem eigenen kleinen *Paradies*.
Und lass es mir gut gehen
auf dem Weg *Richtung Meer*,
als mit ihm zusammen zu sein.

Langeweile oder Party

Ich habe noch nie zwischen Gut und Böse unterschieden.
Auch nicht zwischen Langeweile und Party.
Ich weiß nicht, wie ich das unterscheide.
Aber manche Menschen gefallen mir halt
und andere weniger.
Doch bei anderen läuft das oftmals anders ab.
Schubladen, die geöffnet werden.
Menschen werden hineingezwängt, doch passen nirgends
hinein.
Bist du langweilig?
Bist du Party?
Wie will man das überhaupt definieren?
Ich kann verstehen, dass man es als Jugendlicher
nicht besser weiß.
Da werden halt nur die Leute zur Party eingeladen, die auch
gewiss richtig Stimmung machen. Bei denen man sich sicher
sein kann, dass es richtig abgeht.
Dass sie „cool" sind.
Wir wissen alle, was das heißt?
Saufen bis zum Umfallen, angesagte Kleidung, sinnloses
Gelaber, sinnloses, sinnloses…
Abgefahren. Total cool. Natürlich, was denn sonst.
Und wir wissen auch alle, wo ich dann bin, während die fette
Party steigt.
Die nun mal unglaublich wichtig ist in diesem Alter.
Weil am Montag in der Schule alle davon erzählen werden,
sie werden Witze über den kleinen Florian machen, der nach
einem halben Becks-Ice schon reihernd in der Ecke lag und
von den süßen Jungs schwärmen, die absolut heiß zu Baby
von Justin Bieber getanzt haben und natürlich werden sie
auch nicht vergessen, mir unter die Nase zu reiben, was für
trendy Outfits sie hatten und dass ihr Lidschatten nicht nur
on fleek war, sondern die Music auch hundertprozentig fly.

Und wir wissen auch alle, dass ich dastehen werde und nett
nicken werde und doch irgendwie traurig sein werde, dass
ich den Freitagabend damit verbracht habe, einen
Gedichtband von Heinrich Heine zu lesen, obwohl mich
diese Oberflächlichkeit schon immer angekotzt hat.
Aber ich bin nicht traurig,
weil ich nicht eingeladen wurde.
Ich weiß einfach, dass ich weder Langweile noch Party bin.
Weder Gut noch Böse.
Ich bin alles gleichzeitig auf einmal
und wiederum nichts davon.
Und deswegen bin ich traurig.
Weil sie das nicht sehen.
Weil niemand es sieht.
Schubladen, die geöffnet werden.
Ich werde hineingezwängt, doch passe nirgends hinein.
Ich passe in keine Schublade.
Auch nicht in fünf oder zwei.
Denn ich bin der ganze Schrank.
Wir alle sind ein ganzer Schrank.
Da reicht nicht eine, nicht zwei, nicht fünf.
Keine Schublade.
Und ich weiß, dass man es als Jugendlicher
vielleicht nicht besser weiß.
Wer bin ich, wer will ich sein?
Das entscheidest immer du allein.

Doch warum sehen die anderen mich nicht so, wie ich es tue?
Was sind das für Menschen um mich herum, wer sind sie,
wer wollen sie sein?
Wie soll ich sie einordnen, wenn ich nicht mal weiß, mich
hier einzuteilen?
Aus Unwissen bauen sie sich ein System.
Sie sehen nur die Schubladen.
Nicht den Schrank an sich.

Irgendwann werden sie es besser wissen.

Dann werde ich auf ihren Partys zu Songs von Justin Bieber tanzen und mir mit dem kleinen Florian ein Becks-Ice teilen (dann reihert er auch endlich nicht mehr allein in der Ecke). Und sie werden sehen, dass ich vielleicht doch mehr Party bin, als sie gedacht hatten. Und dass Heinrich Heine ganz sicher nicht langweilig ist, wenn man den Schrank vor lauter Schubladen erkennt.

Und ich weiß, dass ich nur Geduld haben muss.

Ich weiß, dass sie es irgendwann sehen werden.

Und oftmals komme ich mir deshalb alleingelassen und unverstanden vor.

Weil ich das Gefühl habe, die Einzige zu sein,

die das sieht, was ich sehe.

Das fühlt, was ich fühle.

Und das versteht, was ich verstehe.

Wann sehen sie mehr in mir, als nur eine Schublade,

zwei oder fünf.

Wann können sie nicht mehr zwischen Langeweile und Party unterscheiden.

Ganz einfach, weil sie den ganzen Schrank sehen,

so wie ich es tue.

Mich so wahrnehmen, wie ich auch wirklich bin.

Geduld ist sicherlich nicht meine Stärke.

Tanzend übers Laminat

Auf dem hölzernen Parkett
zu wummernden Bässen und lauten Melodien.
Ein Schluck zu viel, die Blicke intensiv.
Köper aneinander, Berührungen, Hitze.
Frei tanzende Träume in Trance.
Die Augen geschlossen,
in der Hand eine Flasche Wein.
Jeder für sich.

Die frische Nachtluft,
Stille.
Tiefer Atem, ein Zug an der Kippe.
Der schwarze Himmel über uns.
Das Glitzern der Sterne.
Alles so leicht.
Deine Lippen auf meiner Haut.
Nur noch zu zweit.

Was auch immer ich sage, es sagt niemals genug

Ich bin
nicht immer geschickt in der Wahl meiner Worte.
Oft in Versuchung, Emotionen zu vermeiden.

Denn ich weiß, was auch immer ich jetzt sage,
es sagt niemals genug.
Nur ein Blick in meine Augen sollte reichen.
Ein Atemzug.
Und du solltest die Wahrheit kennen.

Gerade, wenn ich dich halte, siehst du nicht?
Dieses Gefühl – ich wünschte, ich könnte es einfrieren, ich
wünschte, ich könnte es besitzen.
Ich wünschte, ich könnte, ich wünschte, ich…
Das können wir Wahrheit nennen.

Ich kann
mich für gewöhnlich nicht öffnen.
Mir Emotionen selbst nicht eingestehen.

Alles, was ich sagen kann, ist:
Wenn nichts anderes zählt,
ist hier die Wahrheit.
Du solltest sie sehen.

Nur ein Blick in meine Augen sollte reichen.

In deinen Augen

Wie hätte man sich nicht verlieben können:
In das windgewellte Gras der Lichtung,
dessen sanftes Grün, von hohen Stämmen begrenzt,
sich durch leuchtende Farbtupfer ergänzt.

Wie hätte man sich nicht verlieben können:
In die von Moos bewachsenen Bäume,
deren Kronen, so reich an begrünten Zweigen,
bei Wind und Wetter standhaft bleiben.

Wie hätte man sich nicht verlieben können:
In den dunklen, nassfeuchten Erdboden,
der, von goldbraunen Farben des raschelnden Laubs bedeckt,
das Dickicht aus verworrenen Wurzeln versteckt.

Wie hätte man sich nicht verlieben können:
In die Welt,
welche in deinen Augen liegt,
wenn man genauer hinsieht.

Du brauchst Freiraum

Du sagtest, du brauchst Freiraum,
einen Platz für dich, einen Ort allein.
Doch du meintest, du willst frei sein.
Von was, von mir?
Das bedeutet, wir können nicht zusammenbleiben.
Denn was bin ich, wenn nicht die Freiheit,
du selbst zu sein, ein Platz für Geborgenheit,
ein Ort, den wir uns teilen?
Bin ich ein Gefängnis? Halte ich dich fest?
Fühlst du dich gefangen? Bin ich dein Arrest?
Ich will kein Käfig sein.
Kein Gitter, das dich von der Freiheit trennt.
Nicht die Person, die deine Flügel stutzt.
Kein Wärter, vor dem der Gefangene rennt.

Du willst frei sein.
Frei sein, kannst du scheinbar nur allein sein.

Du kamst und gingst in Wellen

Ein sanfter Stoß, ein Windhauch
Wasser bewegt sich, türmt sich auf
Kurz vor dem Aufprall schäumende Gischt
Ein Aufschrei von
„Wo gehst du hin, verlass mich nicht"
Die Welle, sie thront an höchster Stelle,
in Gefahr zu brechen
Nur ein Wimpernschlag später,
es scheint, als wäre sie in Eile,
Zerflossen,
in Millionen kleine Einzelteile
Gebrochen.
Die Natur bestimmt ihr Sein, sie erliegt.
Doch der Sturm ist nicht vorüber,
die Flut noch nicht besiegt.

Ein neuer Versuch, ein zweiter Anlauf
Diesmal geht alles schneller
Der weiße Schaum klettert hinauf,
auf den Berg, der aus bewegtem Wasser
wächst und emporsteigt.
Aber dieser kann ihn nicht tragen,
schon ist er gefallen.
Der Einsturz ziert die Freiluft
mit einigen Kristallen,
doch der Rest wird vergraben.
Wassermassen strömen uns entgegen
Sie driften auseinander, voneinander fort
Unaufhaltsam teilt sich ihr Weg
Jede in ihre Welt, an ihren eigenen Ort
Die Welle, gebrochen,
verläuft sich langsam im Sande.
So schnell wie sie kam, so schnell war sie gestrandet.

fallingforyou

fallingforyou pt.1

Ich wünschte, du kannst sehen,
wie wunderschön du bist.
Wie wäre es, wenn du anstatt zu gehen,
einfach hier bleibst und mich küsst?

Ich will dir all die Liebe geben,
die du brauchst, um zu erkennen,
dass du es verdient hast zu leben.
Es hilft nicht, davor wegzurennen.

Ich werde dich beschützen,
mit meinen Lippen auf deinen.
Denn alles, was ich will ist,
deine Wunden zu heilen.

Ich hoffe, du vermisst mich,
so wie ich es tue, wenn ich dich nicht halten kann.
Auch wenn es schwierig ist für dich,
nach allem was passiert ist, neu anzufangen.

fallingforyou pt.2

Je näher ich dir bin,
desto weiter scheinst du dich zu entfernen.
Was auch immer ich tue, ich werde nicht gewinnen.
Wann werde ich das endlich lernen?

Ich versuche zu dir vorzudringen,
obwohl ich weiß, es wird mir nicht gelingen.
Denn so nah du auch vor mir stehst,
erreichbar bist du keineswegs.

Es tut so weh, dir zu begegnen
und zu verstehen,
mich neben dich zu legen,
hindert dich nicht daran zu gehen.

Ich kann dich nicht auf diesen Weg führen,
wenn es nicht der ist, nach welchem du suchst.
Und du kannst dein Herz nicht dazu bringen,
etwas zu fühlen, was es nicht tut.

Der Raum zwischen uns

Ich hatte einen Traum:
Du und ich standen gemeinsam
in einem riesig großen Raum.
Doch er fühlte sich eher an
wie ein endlos langer Gang.
Weil ich dich ganz hinten
auf der anderen Seite stehen sah
und wusste, du wirst von dort
zwar nicht verschwinden,
aber bist mir auch nie wieder
je so nah, wie zu dem Zeitpunkt,
als der riesig große Raum
noch so winzig klein
wie eine Einzimmerwohnung war.

Dort konnten wir zusammen sein,
doch der wenige Platz, den wir hatten,
engte mich ein. Ich fühlte mich oft
eingesperrt, von deiner Nähe war ich
gefangen. Ich konnte dann meist nicht anders
und bin ein Schritt zurückgegangen.
Das hat dich wiederum verletzt und
irgendwo gekränkt, was man dir auch nicht
verübeln kann, wenn man mal bedenkt,
wieviel du bereit warst zu riskieren,
um das mit uns nicht zu verlieren.

Du hast es mir daraufhin gleichgetan
und bist ein Stück zurückgewichen.
Bis du es nicht mehr ausgehalten hast,
dann kamst du von hinten auf mich
zu geschlichen, hast mich gepackt
und versucht noch viel fester zu halten
als davor, damit ich ja nicht
in der Lage bin, meine Flügel auszubreiten.

Dieser Ablauf wurde zur Gewohnheit,
ehe wir genau verstanden,
was überhaupt vor sich ging.
Irgendwann waren wir es beide leid,
es ergab einfach keinen Sinn.
Jedes Mal begann der Raum
zwischen uns ein Stück
größer und weiter zu werden.
Anfänglich merkten wir es kaum,
doch dann war es geschehen,
und jetzt gibt es kein Zurück.

Ich habe einen Traum:
Du und ich stehen gemeinsam
in einem riesig großen Raum.
Doch er fühlt sich eher an
wie ein endlos langer Gang.
Weil ich dich ganz hinten
auf der anderen Seite stehen sehe
und weiß, du wirst von dort
zwar nicht verschwinden,
aber bist auch nie wieder
hier in meiner Nähe.
Ich kann dich nicht erreichen,
kann dich nicht berühren.
Ich werde nie wieder deine
Wange an meiner spüren.

Aber ich empfinde auch keinen
ständig neu auflebenden Schmerz.
Wir sind uns fremd und du
weit von mir entfernt,
doch stets in meinem Herz.
Und schließlich wissen wir beide,
dass man dadurch auch viel lernt.
Jetzt gehen wir unseren Weg,
jeder für sich allein.
Ich würde lügen, würde ich sagen,
dass ich mir nie wünsche,
das alles hier mit dir zu teilen.
Aber ich weiß, es wird besser sein,
wenn es bleibt, wie es ist,
und ich weiß, dass Wunden heilen,
wenn du geduldig genug bist.

Zu nah

Ich will diese Nähe spüren,
doch sie ist mir zu nah.
Alles soll wieder so sein,
wie es vor dir war.

Ich sehe einen Schritt zurück,
doch keinen nach vorn.
Wenn ich nichts gehabt hätte,
hätte ich nie etwas verloren.

Wenn du mich nicht willst,
will ich dich umso mehr.
Gib mir irgendein Gefühl,
dann fühl ich mich nicht leer.

Wenn du bei mir bist,
ist mir egal, wie sehr ich leide.
Denn was ich verdiene,
ist, was ich selbst entscheide.

Ich liebe es allein zu sein,
doch werde zu oft alleingelassen.
Hältst du es mit mir aus,
höre ich auf mich zu hassen.

Ich will, dass du mich kennst,
doch bin nicht wirklich ich.
Ich kann mich dir nicht öffnen.
Ich schäme mich für mich.

Ich will diese Nähe spüren,
doch sie ist mir zu nah.
Wenn ich gesehen werde,
nehme ich es nicht wahr.

Ich hab` nichts

Morgen und in all deinen Jahren
werde ich zu dir fahren,
wenn du mich brauchst.
Jetzt und in all deinen Sekunden
hast du Trost gefunden,
wenn du mich anschaust.

Heute und an all deinen Tagen
werde ich den Schmerz tragen,
der dich zweifeln ließ.
Jetzt und in all deinen Stunden
küsse ich die Wunden,
die du selbst nicht siehst.

Ich werde heilen, was ich kann
in deinem unruhigen Geist,
auch wenn ich irgendwann
womöglich nicht mehr weiter weiß.

Ich werde alles von mir hergeben,
was dich glücklich macht.
Und damit alles aufgeben,
was mich aufrecht gehalten hat.

Schlussendlich wird nichts mehr
für mich übrig sein.
Ich kann dir nicht helfen,
das kannst nur du allein.

Schlussendlich wird alles hier
zu Ende gehen.
Ich weiß, ich hab` nichts,
doch ich weiß, du wirst leben.

Eingesunken

Ich lasse dich eintauchen in meine kleine Welt,
obwohl mir klar ist, dass das mit uns nicht lange hält.
Gebe dir einen Platz in meinem Herz,
obwohl du mich gewiss verletzten wirst.

Ich kann es nicht stoppen,
selbst wenn ich es gewollt hätte.
Konnte es nicht aufhalten,
obwohl ich es vielleicht gesollt hätte.

Ich lasse dich einsinken.

Du sickerst ein in meine Haut,
rinnst unaufhaltsam darunter,
kriechst durch meine Venen, hinein in mein Herz.
Nistest dich ein, als ob es immer deins gewesen wäre.

Du fließt in Strömen.
Durch jede Faser meines Körpers,
jedes Stück nimmst du ein.
Schnürst mir die Luft ab,
denn ich bin jetzt dein.

Nichts kann dich zum Stillstand bringen.
Du bist in mir, du bist ich.
Ich bin bereit, in dir zu ertrinken.
Ich ein Teil von dir.

Du bist eingesunken.

Ich kann es nicht stoppen,
selbst wenn ich es gewollt hätte.
Konnte es nicht aufhalten,
obwohl ich es vielleicht gesollt hätte

Ich kann immer noch fühlen, wie du mich neben dir hältst.
Und ich möchte es nicht mehr fühlen müssen.
Es ist fast unerträglich zu wissen,
dass du so tief eingetaucht bist in meine kleine Welt.

Du bist nicht mehr da, doch trotzdem in mir.
Du bist gegangen, doch immer noch hier.
Ich will dich loslassen,
alles soll verschwinden, was hier einmal war.
Aber ich kann nicht,
denn du bist ich
und ich?
Schon längst nicht mehr da.

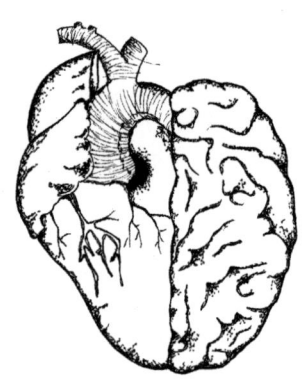

Teil 3

Das Gedenken alter Wunden und Hoffnung. Eine persönliche Umstrukturierung und das innere Aufblühen. Ein Prozess, der niemals endet, doch auch mit Lachen und Leichtigkeit gemeistert werden kann.

Dort ist ein Schlüssel vor meiner Tür

Dort ist eine Mauer zwischen mir und der Welt.
Ich habe sie selbst aufgebaut,
die Vorhänge verschlossen, das Licht ausgestellt.
Mit dem Wunsch für immer hier,
abgeschottet, verschlossen, versteckt zu bleiben.

Dennoch stets in der Hoffnung,
einen Schlüssel vor meiner Tür zurückgelassen,
um unsere Welten zu verbinden.
Dennoch stets in der Hoffnung,
irgendwann wird irgendwer,
werde ich ihn finden.

Nun bin ich an einem Ort für mich allein.
Niemand wird mich je berühren,
denn die Wände trennen uns entzwei.
In Keinem hier kann ich mich irren,
dafür werde ich immer einsam sein.

Ich sehe dich in meilenweitem Abstand,
nicht weit genug von mir entfernt.
Deine Fingerspitzen tasten die Wand ab,
die den Weg zu mir verwehrt.
Meine Fassade schützt, mein wahres Ich bleibt unerkannt.

Nichts dringt nach außen,
nichts nach innen herein.
Den Preis, den ich zahlen musste,
um frei von dieser Welt zu sein,
war die Freiheit aufzugeben
und gefangen in mir selbst zu leben.

Deswegen stets in der Hoffnung,
einen Schlüssel vor meiner Tür zurückgelassen,
um unsere Welten zu verbinden.
Deswegen stets in der Hoffnung,
irgendwann wird irgendwer,
werde ich ihn finden.

Denn obwohl ich mich nur schützen wollte,
mein Herz endgültig verheilen sollte,
kann ich hier nicht für immer bleiben.

Dort ist ein Schlüssel vor meiner Tür.
Wann schaffe ich es endlich, mich zu befreien?

Wenn ich ehrlich bin

Wenn ich ehrlich bin,
du sagtest, das sollte ich,
werde ich nicht so tun, als wäre ich über uns hinweg.
Weil ich jede Nacht, die ich nüchtern verbring,
an dich denken muss.
Ich halte diese Gefühle versteckt,
weil ich weiß, sie machen keinen Sinn.
Es hat keinen Zweck,
an Erinnerungen zu halten, die schöner sind
als die Realität es je war.

Ich mache keine Versprechen,
losgelöst, unabhängig, frei zu sein
von jeglicher Beeinflussung.
Doch werde ich das Vergangene hinter mir lassen
und damit die Erinnerung.
Weil ich die Entscheidung treffen kann,
ob ich weiter gehe und wann.

Wenn ich ehrlich bin,
du sagtest, das sollte ich,
weiß ich oftmals nicht wohin.
Mit meinem halbleeren Glas Wein,
welches schon unzählige Male gefüllt wurde,
sitze ich allein,
betreten in der Küche
und bemerke selbst erst zu spät,
dass ich die gesamte Zeit davor flüchte,
mich dem zu stellen, was mich in Wirklichkeit bewegt.

Ich mache keine Versprechen,
losgelöst, unabhängig, frei zu sein
von jeglicher Beeinflussung.
Doch werde ich meine Fassade endgültig fallen lassen
und damit die mich schützende Festung.
Weil ich die Entscheidung treffen kann,
wer ich sein will und wann.

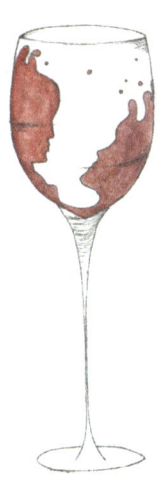

Zurück zu dir

Ich sehe das, was ich will,
aber nicht das, was da ist.
Ich glaube an ein Bild,
das gar nicht wahr ist.

Ich will vorwärts gehen
und lauf zurück zu dir.
Ich kann alles loslassen,
nur nicht den Wunsch in mir.

Ich täusche meine Täuschung.
Ich leugne die Verleugnung.
Ich träume einen Traum:

„Der Mann im Mond
sitzt auf seinem Thron.
Weil er alleine wohnt,
lebt er in der Illusion,
nur er hätte die Macht,
jeden dieser Sterne
in der dunklen Nacht
gar aus weiter Ferne
anzuknipsen.

Würde er nicht sitzen,
sondern stehen,
hätte der Mann im Mond
vielleicht gesehen,
dass auf jedem der Sterne
ein Mann hockt, der denkt,
er wäre es, der aus der Ferne
das ganze Universum lenkt."

Warum bin ich
für die Wirklichkeit
noch nicht bereit?

Was ist, wenn
mich die Wahrheit
am Ende befreit?

Ich bin diejenige, die dich kennt.
Ich habe mir dich ausgedacht.
Das hat dich zwar existent,
aber dadurch noch nicht echt gemacht.

Meine Fantasie ist grenzenlos,
ich kann mir alles erfinden.
Doch dabei lasse ich Grenzen los,
durch die Fakten verschwinden.

Ich vermisse dich

Manchmal passiert es mir immer noch,
dass ich an dich denken muss.
Und dann vermisse ich dich.
Wenn das vorkommt, frag ich mich,
ob das bei dir auch so ist,
ob du deswegen traurig bist
und warum meldest du dich nicht?

Dann will ich wissen, ob es ein Ziel gibt,
beim Sich-gegenseitig-vermissen.
Und ob das vielleicht heißt, dass es besser wäre,
wenn du noch ein wenig bei mir bleibst.

Du darfst das jetzt nicht falsch verstehen:
Dass ich dich vermisse,
heißt nicht gleich, ich würde mit dir gehen,
wenn du mich darum bittest.

Dass ich dich vermisse,
heißt nicht gleich, dass ich deine Küsse
erwidern würde, wenn du es versuchst.

Dass ich dich vermisse,
heißt nicht gleich, dass ich gerne wüsste,
wo du heute Nacht schläfst
und mir heimlich wünsche,
dass du dich neben mich legst.

Dass ich dich vermisse, bedeutet nur,
dass ich mochte, was wir waren
und traurig bin, weil wir nicht
mehr Zeit bekommen haben.

Dass ich dich vermisse, bedeutet nur,
dass ich dich nicht vergessen kann
und traurig bin, weil unser Ende schon am Anfang kam.

Dass ich dich vermisse, bedeutet nur,
dass ich dich wirklich bei mir haben wollte
und traurig bin, weil das mit uns nicht sein sollte.

Dass wir beide jetzt Vergangenheit sind,
das weiß ich ganz gewiss.
Doch das ändert leider nichts daran,
dass ich dich immer noch vermiss`.

Wenn das vorkommt,
dann will ich wissen, ob es ein Ziel gibt,
beim Sich-gegenseitig-vermissen.
Und ob das vielleicht heißt,
dass ich dich vermissen muss,
damit das Ganze von Bedeutung bleibt.

Nicht nur ich bin du

Ich in dir
Erweckt

Du in mir
Versteckt

Ich will dich nicht dazu bewegen
anderen zu viel von dir zu geben.
Du zeigst nichts gern von dir
und bleibst lieber hier in mir.
Doch ich möchte, dass du siehst,
dass du vor dir selber fliehst.
Nicht nur ich bin du, das sind wir beide,
auch wenn ich uns bis jetzt noch meide.

Du in mir
Erweckt

Ich in dir
Versteckt

Willkommen Zuhause / Ich hab` mich

Oft dachte ich, ich bin für immer allein.
Da wird nie jemand sein,
der das sieht, was ich sehe,
das fühlt, was ich fühle
und das versteht, was ich verstehe.

Aber das stimmt nicht,
denn schließlich hab` ich mich.

Oft glaubte ich, ich gehöre nirgends hin.
Da wird nie jemand sein,
der mich nimmt, wie ich bin,
der nicht wegläuft, sondern bleibt
und mit mir seine Heimat teilt.

Ich hab` fast überall gesucht,
aber nie in mir.
Doch alles was ich brauchte,
war die ganze Zeit hier.

Wenn ich dich nicht haben kann,
ist das okay für mich.
Weil mir soeben klar geworden ist,
am Ende bin da immer noch ich.

Egal was passiert,
ich bleib immer hier,
ich gehör immer mir
und lebe nicht als Teil von dir.

Denn niemand kann mir nehmen,
niemand kann mir geben, was ich suche,
das bin ich.
Was ich suche, ist mich.

Jetzt weiß ich, ich bin nie allein.
Da wird stets jemand sein,
der das sieht, was ich sehe,
das fühlt, was ich fühle
und das versteht, was ich verstehe.

Ich kann und will es nicht leugnen,
ich allein bin meine mir ewig treue Freundin.

Jetzt weiß ich, ich gehöre hier hin.
Da wird stets jemand sein,
der mich nimmt, wie ich bin,
der nicht wegläuft, sondern bleibt
und mit mir seine Heimat teilt.

Ich hab` fast überall gesucht,
aber nie in mir.
Willkommen Zuhause.
Meine Heimat ist hier.

S-Bahnhof

Er geht auf dem Bahnsteig
die Kante entlang.
Die Bahn zu seiner Rechten
hält kurz darauf an.
Er will einsteigen,
doch wird zurückgehalten.
Er wollte Konfrontationen
mit zwielichtigen Gestalten
eigentlich vermeiden.

Sie bleiben im Kreis um ihn stehen.
Er denkt, wäre er anders,
hätte niemand ihn gesehen.
Er spürt einen Schlag im Gesicht.
Er glaubt, wäre er wie sie,
gäbe es diese Auseinandersetzung nicht.

Er liegt auf kaltem Stein,
zusammengekrümmt.
Sie treten noch immer auf ihn ein
und jeder Reisende um ihn herum
gibt zu, gesichtslos zu sein.

Und da wird ihm klar,
dass eigentlich er die ganze Zeit
der Stärkste von ihnen war.
Weil er sich traut zu zeigen,
zu sagen: „Das bin ich."
Er bleibt sich treu
und versucht dabei nicht
angepasst zu sein.
Nur um dazuzugehören,
schränkt er sich nicht ein.

Und ja, vielleicht stimmt es,
dass nichts von dem passiert wäre,
wenn er wie alle anderen ist.
Aber dann gäbe es ihn auch nicht.
Er bliebe feige und stumm
und hätte ebenso kein Gesicht.

Jetzt hört er Schritte
hastig sich entfernen.
Er bleibt am Boden und
schaut zu den Sternen.

Und so wird ihm bewusst,
dass sie ihm mehr gaben
als genommen haben.
Und alles, was sie nahmen,
ist, was sie selbst nie waren.

Mehr als „Alles gut."

Ich sitze hier vor euch und sage kein Wort.
Aus meinem Mund kam knapp ein: „Alles gut."
Doch die Zweifel in euren Gesichtern,
die Sorge, sie ist immer noch dort.

Ich weiß, es wäre gut, jetzt mit euch zu reden,
jetzt mit euch zu sprechen.
Aber das ist viel schwieriger als ihr denkt.
Wenn mein Innerstes offen vor euch liegt,
so schutzlos und verletzlich,
habt ihr die Macht, mich zu zerbrechen.
Dann habe ich sofort vergessen,
welcher Ausdruck passt
und wie man sowas anfängt.

Ich weiß, dass jetzt der richtige Zeitpunkt ist,
der perfekte Moment.
Ihr seid schließlich meine Freunde.
Es gibt kaum etwas, das ihr nicht von mir kennt.
Doch trotzdem habe ich Angst,
dass ihr mich nicht versteht,
dass ihr nicht mehr den Menschen in mir seht,
der ich für euch war und deswegen geht.

Ich weiß, eure fragenden Blicke
werden nicht so schnell verschwinden.
Aber ich bin mir immer noch nicht sicher,
ob ich es schaffen werde, mich zu überwinden.
So vieles hängt davon ab,
wie ihr reagiert, ob ihr darüber lacht,
mich verachtet, nicht mehr liebt,
was danach passiert
und zwischen uns geschieht.

Ich weiß auch, ich sollte es endlich tun
und einfach beginnen.
Denn ich kann zwar viel verlieren,
aber umso mehr gewinnen.

Alles ist nichts

Ich will nicht sterben,
aber auch nicht leben.
Ich würde nicht existieren,
könnte ich wählen.

Ich verbringe mehr Zeit in meinem Kopf,
als auf den Straßen dieser Stadt.
Doch du stehst immer noch hier,
neben der Ampel, am Potsdamer Platz.

Alles ist nichts
Ich bin du
Und nichts alles
Du bist ich

bin die Frau, in die jeder verliebt ist.
Aber die Frau ist nicht ich.
Figuren aus Plastik bewegen
nur eine Idee von sich, die sie leben.

In Zeitraffer, ihre Zeit raffend,
strömen sie mit der Strömung.
Sich als Individuum verlassend,
folgen sie folgsam den Massen.

Alles, was ich sein wollte,
bin ich nie gewesen wegen mir.
Alles, was ich sein sollte,
ist dieser Mensch hier in mir.

Die Venus, Planet der Liebe,
hat ihren Mond verloren.
Stell dir vor, wir wären schon
vor 230 Millionen Jahren geboren.

Der Himmel blutet
in der fünften Etage.
Unter ihm wohnen
elektrisch erzeugte Sterne.

Auf der Fensterbank
sitzt ein Junge.
Liebt er diese Stadt
vielleicht nur aus der Ferne?

Das Mädchen aus Plastik
nimmt ihre Sachen und geht.
Sie fühlt mal wieder das,
was niemand sonst versteht.

Wie soll ich die Liebe eines anderen Menschen
zu mir je verstehen können,
wenn ich mich selbst nicht lieben kann?

Ich zähle die Reifen der Autos
auf dem Asphalt.
Der Wind weht zwar eisig und kalt,
doch auch er hält irgendwann an.

Ich will, dass du mich magst
und nicht die Person,
von der du denkst, sie ist ich.

Ich laufe davon,
renne weg,
fahre mit der U2.
Du schaust nochmal zurück,
doch du siehst mich nicht.

Ein Teil von mir

Ich wollte die ganze Zeit
nichts anderes, als dich loszuwerden.
Doch das würde bedeuten,
ich wäre endgültig bereit zu sterben.

Denn du bist ein Teil von mir,
ich darf dich nicht hassen.
Leicht ist es zwar nicht, doch
ich kann dich nicht verlassen.

Ich habe zwei Gesichter,
du bist, welches ich nicht bin.
Ich kann tun was ich will,
du bleibst ohnehin.

Bin ich es? Bist du es?
Kann ich mir selbst noch trauen?
Wen von uns sehen andere,
wenn sie mich anschauen?

Du gehörst nun mal zu mir,
nichts wird das je aufheben.
Du brauchst mich und ich,
vielleicht sogar dich zum Leben.

Auch wenn ich dich nie wollte,
hast du mich zu mir gemacht.
Ohne dich wäre ich nicht ich.
Warum habe ich daran nie gedacht?

Du bist ein Teil von mir,
aber du bist nicht ich.
Wir leben in Symbiose,
doch ich gehöre dir nicht.

Grenzschutz

Irgendwie drehst du dich im Kreis,
weil alles, was du sagst,
nicht ausdrückt, was du meinst.

Ich würde alle Schmerzen dieser Welt
auf mich nehmen, nur um endgültig
die Wahrheit zu sehen.

Schmerzen werden vergehen,
wenn du sie benutzt,
um Schönes zu kreieren.

Was soll denn schon passieren?
Alles was ich habe ist Hier und Jetzt.
Es gibt nichts zu verlieren.

Du siehst die Welt um mich herum,
aber nicht die Welt in mir drin.
Es ist, was es ist. Ich bin, wer ich bin.

Jeder sieht mich, doch keiner kann
mich erfassen. Ich kann alles sein,
doch ich kann mich nicht verlassen.

Was ist es, das dich in Grenzen hält?
Du unterteilst diese Erde in Länder,
doch dein Zuhause ist die ganze Welt.

Alles ist ein Ganzes. Ich habe keine
Grenzen. Ich lebe im Moment,
ganz ohne Konsequenzen.

Du glaubst zwar an Gott, aber
warum nicht an dich? Eine höhere Macht,
als deine Eigene, gibt es nicht.

Ich bin selbstverantwortlich für mich
und mein Leben, aber ich muss
niemandem was von mir geben.

Doch du lebst in einem Hamsterrad.
Wie Generationen zuvor, tust du
nur das, was schon immer jeder tat.

Ich habe Angst davor, nach dem Erwachen
wieder einzuschlafen. Weil auch meine
Eltern ihren Ängsten nie entgegentraten.

Du sprichst in einer Sprache,
die keiner versteht. Und wunderst dich,
wenn sich nie etwas bewegt.

Zwei Könige

Ich gehe einen Weg
und sehe, wohin er führt.
Auf meinem Zeitstrahl
steht, was mich berührt.

Die Häuser dieser Stadt
habe ich gerade neu gebaut.
Mein Spielplatz bleibt
mir immer noch vertraut.

Ich spiele zwei Könige,
doch nur einer sieht,
was ich mache,
ist was mir geschieht.

Ich bin auf der Suche
nach dem Bauern auf H3
und verliere mich dabei
aus den Augen im Detail.

Der Zug ist abgefahren,
doch wir steigen ein.
Wie wir als Kinder waren,
wollen wir wieder sein.

Nichts ist unendlich,
denn es gibt keine Zeit.
Ab jetzt bin ich bereit
für die Wirklichkeit.

Ich sitze nicht länger
in meinem Hamsterrad fest.
Weil ein Problem als Lösung
doch nur ein Neues zulässt.

Ich bin Teil meiner Umwelt,
meine Umwelt ist ich.
Ich bin, was ich sehe,
doch ich sehe mich nicht.

Es entsteht diese Nähe.
Wir *Baden im Wein*,
doch lachen und könnten
nicht fröhlicher sein.

Du erntest nicht nur Früchte,
sondern gießt meine Erde.
Mich inspirieren Menschen,
durch die ich wachsen werde.

Ein Spiel

Das Leben ist ein Spiel.
Ich bleibe immer frei.
Der Weg ist das Ziel
und deshalb nie vorbei.

Gute Mädchen tun böse Dinge.
Ich nehme mir, was ich will.
Obwohl ich meine Moral damit
endgültig zum Ende zwinge.

Ich mag schlechte Ideen
und lerne mich zu lieben.
Was die Anderen sehen,
ist gleichgültig geblieben.

Ohne Rücksicht treffe ich
dumme Entscheidungen.
Weil es die Regeln bricht,
entscheid ich mich für mich.

Ich sage ohne Zögern Nein.
Erlebe nur Sachen, die ich
im Alter auch erzählen will
und kann gut egoistisch sein.

Ich bereue nichts und
stehe zu meinen Taten.
Ich brauche Abenteuer
und nicht lang zu warten.

Irgendwas Lustiges zu machen
und dabei Drama zu vermeiden,
ist fast alles, was ich gerade will.
Ich bin nicht mehr bescheiden.

Wir sind die Macher unserer Spiele,
wollen keine Langeweile haben.
Beschäftigung bedeutet Glück,
ich such mir die besten Aufgaben.

Die Tür ist offen

Nun steht die Tür ein Stück weit offen.
Die Zeit ist da, du kannst jetzt gehen.
Die Mauern sind endgültig durchbrochen,
doch du bleibst unschlüssig im Rahmen stehen.

Durch den schmalen Spalt fällt Licht,
jetzt gäbe es nichts mehr, was dich hält.
Doch was, wenn du es bist und nicht die Welt,
die dir schlussendlich dein Herz bricht?

Du dachtest, eine ganze Welt
ist ohne deinen Einfluss besser dran.
Du hattest Angst, dass keiner
dich jemals voll und ganz verstehen kann.

Du wolltest nicht zeigen, wer du bist,
hast ein Teil von dir vergessen lassen,
dich mit fremden Gesichtern geschmückt,
damit die eigenen verblassen.

Doch da wird nie jemand sein,
der dich lieben wird, so wie du wirklich bist,
wenn du deine Mauern zu hoch errichtest,
bleibst du selbst für immer klein.

Nun steht die Tür ein Stück weit offen.
Wenn du willst, kannst du hinaustreten.
Die Mauern sind endgültig durchbrochen.
Du musst dir nur noch einen Versuch geben.

Illustrationen

Cover: von Anne Fahrig

S. 19: von Lilly Werk

S. 22: von Anne Fahrig

S. 23 und 24: von Lisa Budzynski

S. 45: von Anne Fahrig

S. 47: von Lilly Werk

S. 51: von Anne Fahrig

S. 58: von Lisa Budzynski

S. 61: von Lisa Budzynski

S. 63: von Lisa Budzynski

S. 65: von Anne Fahrig

S. 70: von Anne Fahrig

S. 77: von Lilly Werk

S. 82: von Lilly Werk

S. 84: von Lilly Werk

Danksagung

Mein persönlicher Erfolg ist es die Dinge zu tun, die ich liebe, und das zusammen mit den Menschen, die ich liebe. Das hat mir auch den Impuls dazu gegeben, dieses Buch zu veröffentlichen.

Ich danke Anne, Lisa und Lilly, weil sie mein Buch mit Farbe und Leben gefüllt haben. Ich danke jeder Person, die im Hintergrund an diesem Projekt beteiligt war und deren Unterstützung ich hatte.

Ich danke jeder Erfahrung, jeder Inspiration, jedem Menschen, der mir auf meinem Weg begegnet ist und dieses Buch zu dem gemacht hat, was es ist.

Ich danke auch mir selbst, weil ich mich endlich getraut habe, anderen Menschen meine Gedichte zu zeigen und dieses Projekt zu starten.

Danke für alles & ganz viel Liebe

Instagram:

chxara.brl